Inhalt

Föderalismusreform - eine Chance für Deutschland? (Mai 2006)

Kernthesen

Beitrag

Fallbeispiele

Weiterführende Literatur

Impressum

Föderalismusreform - eine Chance für Deutschland? (Mai 2006)

I.Lukmann

Kernthesen

- Die entscheidende Frage im Bezug auf die Föderalismusreform ist die Neuaufteilung der Zuständigkeiten zwischen Bund und Ländern. (3)
- Im Rahmen der Föderalismusreform werden einige grundlegende Zielsetzungen verfolgt; hierzu gehört vor allem eine stärkere Kompetenztrennung, eine Absenkung der Zustimmungsquoten auf Seiten der Bundesländer sowie eine Neuordnung der

Finanzstruktur zwischen Bund und Ländern. (12)
- Die Kernfrage der neuen Föderalismusreform: Kann durch die Umsetzung der Reform ein Wettbewerbsföderalismus entstehen? (6)

Beitrag

Die Föderalismusreform soll in Zukunft den Spielraum der Länder erweitern. Dies gilt insbesondere für die Bereiche Dienst-, Besoldungs- und Versorgungsrecht der Beamten, die Gestaltung des eigenen Bildungswesens sowie des Umweltrechts. Andererseits soll der Bund von seinen Gemeinschaftsaufgaben entlastet werden. Hierzu gehört beispielsweise, dass Verpflichtungen im Zusammenhang mit dem Europäischen Stabilitätspakt teilweise an die Länder übertragen werden.

Im Folgenden werden die Ziele der Föderalismusreform kurz erläutert. Anschließend werden sowohl der Hintergrund als auch einige Kernelemente der Föderalismusreform sowie deren Auswirkungen auf Bundes- und Länderebene skizziert.
(6), (9)

Reformziele der Föderalismusreform

Das Ziel ist eine transparentere Gestaltung der verschiedenen Beziehungsebenen zwischen Bund und Ländern. Damit sollen in Zukunft die Gesetzgebungen vereinfacht und mögliche Risiken bei der Umsetzung von Gesetzen vermieden werden. (5), (12)

Hintergrund zur Föderalismusreform

Deutschland ist ein Bundesstaat zu dessen Fundament das Prinzip des Föderalismus gehört. Dieses Fundament lässt sich nicht einmal mit einer Zweidrittelmehrheit im Bundestag abschaffen (Artikel 20 GG). Einzelne Elemente des Föderalismusprinzips sind jedoch im Lauf des Bestehens der Bundesrepublik verändert und angepasst worden. Seit 15 Jahren arbeitet die Bundesrepublik daran, die Zuständigkeiten zwischen Bund und Ländern transparenter zu gestalten. Grund hierfür sind vor allem komplizierte und lange Entscheidungswege zwischen Bund und Ländern. Eine 32-köpfige Kommission zur Modernisierung der bundesstaatlichen Ordnung versucht seit 2003 eine Föderalismusreform voranzutreiben. 2005 haben die Vorsitzenden der Kommission, der ehemalige SPD-Chef Franz Müntefering und der bayerische Ministerpräsidenten Stoiber, schließlich ein Konzept zur Neuordnung der Bund-Länder-Beziehungen auf den Plan gebracht.

Die neue Reform wird im Wesentlichen aus sechs Themenkomplexen bestehen. Für eine Änderung der Struktur der bestehenden Föderalismusgesetze ist eine Zwei-Drittel-Mehrheit im Bundestag erforderlich. Im Herbst dieses Jahres soll die Reform verabschiedet werden. Bis dahin sehen jedoch viele Experten und Bundestagsabgeordnete in vielen einzelnen Punkten der folgenden Kernelemente der Föderalismusreform noch Korrekturbedarf. (3), (4), (5), (7), (8), (10), (12)

Kernelemente der Föderalismusreform

Zustimmungsgesetze

Die im Grundgesetz verankerte Rahmengesetzgebung Artikel 75 GG soll, dem neuen Entwurf entsprechend, inhaltlich aufgehoben werden. Die einzelnen Bestandteile werden in das neue Konzept der Föderalismusreform integriert werden. Inhaltlich besagt die Neuregelung, dass neue Gesetzesvorlagen in Zukunft nicht mehr der Zustimmung des Bundesrates bedürfen; wodurch die Durchsetzbarkeit von Gesetzen erhöht werden soll. Die Bundesländer können als Ausgleich dafür in Zukunft zu den jeweiligen Gesetzen abweichende Einzelregelungen treffen (Artikel 72 GG). (7), (13)

Umweltschutz

Die Kompetenzen im Bereich des Umweltrechts werden auf die Länderebene umgelegt. Im Grundsatz wird das Umweltrecht ohnehin durch das EU-Recht definiert und durch ein entsprechendes Bundesumweltgesetz gefestigt. Dadurch sind die Rahmenbedingungen weitgehend vorgegeben. Die Länder können jedoch im Einzelfall zu den genannten Umweltstandards abweichende Bestimmungen definieren. (8), (11), (13)

Justiz

In Deutschland gilt ein bundesweit einheitliches Strafvollzugsgesetz. Die Regelungen dieser Gesetze wie beispielsweise in Bezug auf Haftbestimmungen und Therapiestandards können in Zukunft auf Länderebene geregelt werden. (8), (10), (11)

Beamte

Das Beamtenrecht wird im Sinne der Föderalismusreform ebenfalls auf Länderebene geregelt werden. So können die einzelnen Länder, ihrer finanziellen Lage entsprechend, ein flexible Personalpolitik auf regionaler Ebene organisieren. (8), (11), (13)

Bildung

Auf Bundesebene wird die so genannte Rahmenkompetenz des Bundes abgeschafft und auf die Länderebene übertragen. Auf diese Weise können sowohl im Schulsektor als auch im Hochschulbereich Regelungen länderspezifisch umgesetzt werden. Auch die Hochsschulbaufinanzierung wird künftig auf Länderebene geregelt. Auf Bundesebene wird es künftig nur noch Regelungen zu Hochschulzulassungen und -abschlüssen geben. (7), (8), (11), (13)

Sinn und Zweck der Föderalismusreform

Auswirkungen der Föderalismusreform auf Bundesebene

1. Durch die oben genannten Änderungen im Zustimmungsrecht wird erwartet, dass künftig eine Senkung der Zustimmungsquote aller Gesetze des Bundes durch den Bundesrat erreicht werden kann.

2. Der Bund erhält eine Stärkung seiner Kompetenzen im Bereich der Inneren Sicherheit: beispielsweise durch die Stärkung des Bundeskriminalamtes im Bereich präventiver Kompetenzen oder im Bereich der

Bekämpfung des Internationalen Terrorismus. Hierfür waren bisher die Bundesländer zuständig. Außerdem werden die Kompetenzen des Bundes in folgenden Bereichen ausgebaut: Melde- und Ausweiswesen, Waffenrecht sowie Kernenergie.

3. Die Bundesländer werden nach der Föderalismusreform auch in die Finanzverantwortung des (Gesamt-)Staates miteinbezogen. Hierzu gehört eine Beteiligung an den Verpflichtungen aus dem Europäischen Stabilitätspakt im Verhältnis 65:35; womit eine künftige Beteiligung der Länder an etwaigen Sanktionszahlungen gemeint ist. Auch mögliche Strafzahlungen aufgrund einer Verletzung des EU-Rechts werden nach der Reform grundsätzlich nach dem Verursacherprinzip gehandhabt. Dies wird vor allem für den Umweltbereich gelten: das heißt, dass Risiken, die durch Sonderregelungen zum Bundesumweltgesetz auf Länderebene getroffen wurden, von diesen Ländern künftig alleine getragen werden müssen. (12)

Auswirkungen der Föderalismusreform auf Länderebene

1. Eine Reihe von Gesetzgebungskompetenzen wie beispielsweise das Öffentliche Dienstrecht, das Hochschulrecht, das Gaststättenrecht oder das Ladenschlussgesetz werden auf die Länderebene übertragen.

2. Die Übernahme von Kompetenzen der Bundes auf die Länderebene. Darunter fällt beispielsweise der soziale Wohnungsbau, die Gemeindeverkehrsfinanzierung sowie der Hochschulbau. Diese Bereiche sind bisher durch finanzielle Zuschüsse der Bundesebene unterstützt worden. In Zukunft werden hierfür zweckgebundene Kompensationszahlungen an die Länder ausbezahlt werden (voraussichtlich 2,5 Mrd. Euro pro Jahr, die bis in das Jahr 2013 gesichert sein sollen). (5), (12),

Fallbeispiele

Die Föderalismusreform wird nach Ansicht vieler Kritiker nicht nur Gewinner haben. Die Auswirkungen der Föderalismusreform für Behinderte könnten laut Deutschem Behindertenrat (DBR) gravierend sein. So konstatiert DBR-Mitglied Martina Puschke, dass die über Jahrzehnte erkämpften Standards im Bereich des Nahverkehrs sowie der Heimangelegenheiten durch die geplante Föderalismusreform und der damit einhergehenden Neuordnung der Zuständigkeiten zwischen Bund und Ländern in starkem Maße gefährdet sind. Den Inhalten der Reform zufolge sollen die Bundesländer die alleinige Zuständigkeit in den genannten Bereichen erhalten. Die Bundesländer könnten so das bisherige Bundesrecht für Alten- und Pflegeheime je nach Finanzlage so weit verändern, dass die notwendige Personal- und Zimmerausstattung massiv reduziert werden könnte. (2)

Weiterführende Literatur

(1) Anlauf zum Aufschwung Eine exklusive Studie zeigt: Mit weniger gesetzlichen Regeln könnte Deutschland den Jobmotor anwerfen. Doch die Politik ist weit weg vom Idealfahrplan.
aus Impulse vom 01.05.2006, Seite 38

(2) Föderalismusreform Schwerbehinderte befürchten Nachteile
aus Frankfurter Rundschau v. 18.04.2006, S.39, Ausgabe: S Stadt

(3) Sieben Tage, hundert Köpfe // Anhörungsmarathon zur Föderalismusreform im Bundestag / Verbandsvertreter sollen draußen

bleiben
aus Der Tagesspiegel Nr. 19158 VOM 09.04.2006 SEITE 004

(4) Föderalismusreform Thierse beharrt auf Korrekturen
aus Frankfurter Rundschau v. 06.04.2006, S.1, Ausgabe: S Stadt

(5) Issig, Peter, "Diffamierung der Länder", Landtagspräsident Alois Glück lehnt Korrektur der Föderalismusreform ab und kritisiert Berliner Zentralisten, Welt am Sonntag, 26.03.2006, S. M2
aus Frankfurter Rundschau v. 06.04.2006, S.1, Ausgabe: S Stadt

(6) "Die Föderalismusreform gefährdet unsere Zukunft" // Ex-Bildungsministerin Bulmahn (SPD): Geplante Verfassungsänderung würde zu wirtschaftlichem Abstieg Deutschlands führen
aus Der Tagesspiegel Nr. 19143 VOM 25.03.2006 SEITE 004

(7) Auslesedes Besten Die Kritik an der Föderalismusreform ist absurd. Länderwettbewerb nutzt der Bildung. Die Finanzentflechtung muss hinzukommen
aus Financial Times Deutschland vom 22.03.2006, Seite 30

(8) Stoldt, Till / Lamprecht, Peter, Mehr Macht und Freiheit für NRW, Wieder einmal streitet die Republik

über die Föderalismusreform. Was droht, was blüht dem Land, wenn sie denn kommt?, Welt am Sonntag, 19.03.2006, S. NRW1
aus Financial Times Deutschland vom 22.03.2006, Seite 30

(9) Lamprecht, Peter, Das bringt die Föderalismusreform konkret, wenn sie im Herbst Wirklichkeit wird, Welt am Sonntag, 19.03.2006, S. NRW1
aus Financial Times Deutschland vom 22.03.2006, Seite 30

(10) POSITIONEN // Kein Alleingang // Der Föderalismusreform fehlt ein Gesamtkonzept für das Land
aus Der Tagesspiegel Nr. 19132 VOM 14.03.2006 SEITE 008

(11) hintergrund Vier Punkte sind strittig Die Föderalismusreform
aus Frankfurter Rundschau v. 11.03.2006, S.4

(12) Was bringt uns die Föderalismusreform? Eine Übersicht über die Auswirkungen des aktuellen Pakets auf Bund und Länder / Von Rainer Holtschneider
aus Frankfurter Rundschau v. 10.03.2006, S.7

(13) Der entflochtene Staat
aus Frankfurter Allgemeine Zeitung, 07.03.2006, Nr. 56, S. 2

(14) Volle Länderrechte nach drei Jahren Kompromiss für Umsetzung der Föderalismusreform / Bund wahrt in Übergangszeit seine Interessen
aus Frankfurter Rundschau v. 18.02.2006, S.4,
Ausgabe: S Stadt

Impressum

Föderalismusreform - eine Chance für Deutschland? (Mai 2006)

Bibliografische Information der deutschen Nationalbibliothek

Die Deutsche Nationalbibliothek verzeichnet diese Publikation in der deutschen Nationalbibliografie; detaillierte bibliografische Daten sind im Internet über http://dnb.d-nb.de abrufbar.

ISBN: 978-3-7379-1740-7

© 2015 GBI-Genios Deutsche Wirtschaftsdatenbank GmbH, Freischützstraße 96, 81927 München, www.genios.de

Alle Rechte vorbehalten. Dieses Werk ist einschließlich aller seiner Teile – z.B. Texte, Tabellen und Grafiken - urheberrechtlich geschützt. Jede Verwertung außerhalb der Grenzen des Urheberrechtsgesetzes bedarf der vorherigen Zustimmung des Verlags. Dies gilt insbesondere auch für auszugsweise Nachdrucke, fotomechanische Vervielfältigungen (Fotokopie/Mikroskopie), Übersetzungen, Auswertungen durch Datenbanken oder ähnliche Einrichtungen und die Einspeicherung und Verarbeitung in elektronischen Systemen.